全国中等职业技术学校电子商务专业

# 电子商务法律法规习题册

中国劳动社会保障出版社

## 简介

本习题册与全国中等职业技术学校电子商务专业教材《电子商务法律法规》配套使用。习题册按教材章节的顺序编写，包括填空题、单项选择题、判断题、简答题、案例分析题等，题型丰富，难易适中，供学生课后练习使用。

本习题册由姜苏容任主编，蔡宇宏、曹斌、陆建军参加编写。

**图书在版编目（CIP）数据**

电子商务法律法规习题册 / 姜苏容主编 . -- 北京：中国劳动社会保障出版社，2019
全国中等职业技术学校电子商务专业
ISBN 978-7-5167-4046-0

Ⅰ. ①电… Ⅱ. ①姜… Ⅲ. ①电子商务 – 法规 – 中国 – 中等专业学校 – 习题集
Ⅳ. ①D922.294-44

中国版本图书馆 CIP 数据核字（2019）第 107409 号

**中国劳动社会保障出版社出版发行**
（北京市惠新东街 1 号　邮政编码：100029）
*
北京市艺辉印刷有限公司印刷装订　新华书店经销
787 毫米 ×1092 毫米　16 开本　3.75 印张　60 千字
2019 年 7 月第 1 版　2022 年12月第 6 次印刷
**定价：7.00 元**

营销中心电话：400-606-6496
出版社网址：http://www.class.com.cn
http://jg.class.com.cn

# 目　录

# 第 1 章 电子支付法律法规

## 第 1 节 电子支付法律关系及立法现状

### 一、填空题

1. 电子支付法律必须以__________法律为基础。

2. 电子支付中，交易人各方之间不存在不平等的__________、__________的隶属关系。

3. 当电子支付法律关系受到破坏时，国家会动用强制力进行__________。

4. 银行之所以接受付款或收款指令，是因为付款人和收款人与银行之间存在有关电子支付的__________关系。

5. 金融服务合同由银行起草并作为开户的条件交给付款人和收款人，银行在整个电子支付活动中起到__________的中介作用。

6. __________参与电子支付活动，是付款人、收款人和银行能够安全顺利完成电子支付全过程的保障。

7. 电子支付的当事人申请证书是__________，而承诺方一般是认证机构。

8. 付款人是整个电子支付过程中第一个发出资金支付指令的人，通常为_______________。

9. 电子认证机构负责认证、签发、管理证书，是电子支付中的付款人、收款人和银行真实身份的__________。

10.《中华人民共和国计算机信息系统安全保护条例》保护了计算机信息系统的顺利发展，为_______________的环境安全创造了条件。

### 二、单项选择题

1. 电子支付法律关系中，付款人与收款人之间是（　　）关系。

A. 债务与债权　　B. 债权与债务

C. 中介　　D. 银行与客户

2. 收款人也称受益人，一般是（　　）。

A. 债权人　　B. 债务人

C. 银行经理　　D. 出资人

3. 根据我国《民法通则》第九十二条的规定："没有合法根据，取得不当利益，造成他人损失的，应当将取得的不当利益返还（　　）。"

A. 受损失的人　　B. 银行

C. 受益人　　D. 国家

4. 电子支付法律关系是以国家（　　）作为保障的社会关系。

A. 强制力　　B. 行政制度

C. 行业规范　　D. 道德规范

## 三、判断题

1. 电子支付法律关系是电子支付主体真实意思的表示。（　　）

2. 电子支付法律关系的当事人就是电子支付法律关系的主体。（　　）

3. 电子认证机构有权向付款人和收款人收取一定金额的服务费。（　　）

4. 银行或金融机构需使用配备安全系统的交易手段执行客户指令。（　　）

5. 金融机构对本机构所掌握的用户资料和交易信息负有保密义务。（　　）

6. 电子认证机构不可能违反合同约定。（　　）

7. 电子证书上记载的付款人或收款人的相关信息可能有误。（　　）

## 四、简答题

1. 电子支付法律关系具有哪些特征？

2. 简述电子支付中付款人具有的权利和承担的义务。

3. 简述电子支付中电子认证机构具有的权利和承担的义务。

## 第 2 节　电子支付面临的安全与法律问题

### 一、填空题

1. 实现电子商务稳定发展的关键就是要保证__________的安全性。

2. __________突破了时间和空间的限制，使交易双方都面临着交易安全性的问题。

3. 电子形式的交易信息的__________和__________直接关系到个人、企业甚至国家的经济利益。

4. 电子商务过程中交易的各种信息包括__________、客户密码、支付金额等网络支付信息。

5. 电子支付系统应充分保证数据传输、存储的__________，以进一步实现电子支付交易的安全。

6. 数据的可靠性是指能保证合法用户对信息和资源的使用不会被__________。

## 二、单项选择题

1. 数据的可靠性和不可抵赖性要求电子支付系统具备（　　）能力，以杜绝交易双方任何一方的抵赖行为。

A. 创造　　B. 判断

C. 审查　　D. 修改

2. 电子支付业务相比传统支付业务最明显的优点是（　　）。

A. 方便迅速　　B. 没有安全隐患

C. 有法律保护　　D. 数据完整

3. 立法规范固然重要，但更要通过（　　）防范黑客攻击网络银行和网上支付平台。

A. 道德约束　　B. 监控

C. 第三方监督　　D. 技术

4. 为了应对电子支付过程中的网络病毒，必须重视计算机的（　　）技术。

A. 防范　　B. 存储

C. 硬件　　D. 识别

5. 在实践中，依照（　　）的民事责任归责原则来划定电子支付纠纷责任。

A.《民法通则》　　B.《商标法》

C.《合同法》　　D.《数字签名法》

## 三、判断题

1. 有效的电子支付能完成一个完整的电子商务交易。（　　）

2. 电子支付系统的安全性是实现电子商务稳定发展的关键。（　　）

3. 电子支付的安全要求主要体现在信任。（　　）

4. 电子支付以电子流代替货币，提高了交易活动的效率。（　　）

5. 木马病毒程序可以用来窃取个人网上银行账号和密码。（　　）

6. 我国已经出台了一些相关法律法规来惩治黑客的行为。（　　）

## 四、简答题

1. 简述电子支付的安全要求。

2. 简述加强密码管理的具体措施。

3. 黑客袭击网络导致电子支付活动不安全是否为不可抗力事件？为什么？

4. 简述不可抗力条件下的免责情形。

## 五、案例分析题

王先生在 ×× 网店购买了一副羽毛球球拍，价格为 400 元，卖家承诺送返利红包 88 元，返利红包在付款后扫描二维码领取。付款后，王先生用手机扫描了卖家提供的二维码，但一直未获得返利红包。第二天，王先生发现付款账号绑定的银行卡被盗刷了 8 000 元，他立即报警。经警方调查，卖家提供给王先生的二维码含有病毒程序，可盗取扫码用户的支付信息。

1. 结合案例，谈谈你认为用手机随意扫描二维码存在哪些风险。

2. 请你谈谈作为消费者应该如何防范恶意二维码。

# 第 3 节　电子签名与认证

## 一、填空题

1. 电子签名是一种依靠技术手段的________________的签名。

2. 签署时，电子签名__________仅由电子签名人控制。

3. 未经电子签名__________的授权，编造认证证书是伪造行为。

4. 电子签名认证机构应向符合条件的申请者颁发证书，内容公布于__________

的存储器内。

5. 收到签署者撤销证书的申请，在证书的________内，认证机构应撤销证书。

6. 收到签署者已经解散或________的有关证明，认证机构应终止该证书，并在指定地点发布相关通知。

7. ________是指计算机的硬件和软件具有较高的安全性，可防止侵扰。

8. 认证机构应当使用可信赖系统来完成证书的________、终止和________等操作。

9. 由于现实生活中黑客的活动十分猖獗，认证机构制定________是十分必要的。

## 二、单项选择题

1. 下列选项不属于电子签名表现形式的是（　　）。

A. 电子邮件　　B. 人工服务

C. 数字签名　　D. 手机短信

2. 电子签名不是传统书面签名的数字图像化，是依靠技术手段的（　　）形式的签名。

A. 书写　　B. 图片

C. 代码　　D. 电子

3.《电子签名法》适用于（　　）中的合同或其他文件、单证等文书。

A. 继承关系　　B. 婚姻关系

C. 土地权属　　D. 民事活动

4. 功能等同原则是电子签名所独有的法律原则，符合法律所规定的（　　）形式要求。

A. 口头　　B. 书面

C. 电子　　D. 文字

## 三、判断题

1. 基于密码技术的运用，电子签名可以实现识别签名人信息的安全性。（　　）

2. 电子签名基于密码技术的运用，是签名者对内容的认可。（　　）

3. 指纹或者虹膜透视辨别法不属于合法的电子签名。（　　）

4. 相比传统的纸质签名，电子签名具有环保、快捷、节能等优点。（ ）

5. 电子签名和电子文件，只要功能与书面文件效力相当，都具有法律效力。（ ）

6. 当事人是否同意以电子手段进行交易，不完全由当事人的行为来确定。（ ）

7. 电子签名的当事人自治原则是指当事人可以约定自由选择，任何人无法干预。（ ）

8. 电子签名人应当妥善保管电子签名制作数据。（ ）

9. 电子签名须经第三方认证，由依法设立的电子认证服务提供者提供服务。（ ）

## 四、简答题

1. 简述电子签名的定义及其适用范围。

2. 电子签名人及时告知义务履行的情形有哪些？

3. 简述可靠的电子签名应当同时符合的条件。

4. 简述电子签名人违反义务时应承担的法律责任。

## 五、案例分析题

李女士在某银行办理了银行卡并开通了网银服务和手机短信提醒功能。一天，李女士收到一条短信，内容为“尊敬的客户，您的网银证书即将过期，为了获得更好的服务，请点击 http://139jy×××.cn 下载并升级。”该短信与办卡银行官方电话处于同一对话框内，李女士没作怀疑就点击链接下载程序完成了升级，并按提示输入了她本人的网银账号及密码。半个小时后，李女士网银被盗刷了 10 000 元。

事件发生后，李女士要求发卡银行赔偿。银行方面认为是李女士自己点击进入钓鱼网站，泄露了密码，所受损失与银行无关，因此拒绝赔偿。于是，李女士将银行告上法庭。最终，法院判决由李女士承担全部责任。

1. 你认为法院判决的依据是什么？为什么？

2. 结合案例，请谈谈什么是钓鱼网站，以及消费者应该如何避免进入钓鱼网站。

# 第 2 章　电子合同法律法规

## 第 1 节　电子合同的特征和类型

### 一、填空题

1. 合同是__________的自然人、法人、其他组织之间设立、变更、终止民事权利义务关系的协议。

2. 电子合同的当事人均是通过电子数据的传递来完成的，一方__________电子数据，另一方__________电子数据。

3.《电子签名法》的颁布，使__________的面世成为可能。

4. 电子合同通过__________来传递信息，有传输方便、节约等特点。

5. 电子合同是合同的电子化，交易主体具有__________和__________的特点。

6. 从电子合同标的物属性角度，电子合同可分为______________、软件授权合同、____________________等。

### 二、单项选择题

1. 电子商务的起源时间大致为 20 世纪（　　）。

A. 50 年代　　B. 60 年代　　C. 70 年代　　D. 80 年代

2. 我国首份电子合同于（　　）9 月 23 日问世。

A. 2000 年　　B. 2002 年　　C. 2004 年　　D. 2005 年

3. 企业与政府之间进行电子商务活动所形成的合同，称为（　　）。

A. B2C 合同　　B. B2B 合同

C. B2A 合同　　D. B2G 合同

4. 在 B2B 流程中，买卖双方合同签订的平台是（　　）。

A. 信息交流平台　　B. 产品质量认证平台

C. 商业信用调查平台　　D. 销售信息反馈平台

5. 企业之间通过互联网进行交易属于（　　）电子商务的一种基本形式。

A. B2C　　B. B2B　　C. B2A　　D. B2G

## 三、判断题

1. 合同是指双方或多方当事人意思表示一致而达成的协议。（　　）

2. 电子合同的签订过程是借助网络通过计算机完成的，这是电子合同区别于传统合同的关键特征。（　　）

3. 电子合同的稳定性及易保存性优于传统合同。（　　）

4. 传统合同表现为“白纸黑字”，改动存在一定难度，电子合同只要经过相应的技术处理，改动就很难被发现。（　　）

5. 电子合同的当事人可以是世界上的任何自然人、法人或其他组织。（　　）

6. 未保存、病毒或者黑客手段的存在可以使在网络中订立的电子合同暂时甚至永久消失。（　　）

## 四、简答题

1. 简述电子合同的特征。

2. 简述电子合同的类型。

## 五、案例分析题

2005 年 4 月 1 日，我国《电子签名法》正式实施，电子合同逐渐进入大型企业的视野。2006 年 1 月 23 日，浙江省某企业正式签署了首份外贸电子合同。签署过程中，合同的甲、乙双方先对合同内容进行确认，然后，甲方先把电子印章（一个类似于U盘大小的物体）接入计算机，两次输入密码后，一个红色的公司电子印章就加印在了指定位置。之后，甲方通过网络将合同传输给乙方，乙方再用同样的方法盖上本公司的电子印章。这样，一份具有法律效力的电子合同就生效了，而签署过程前后只花费了不到两分钟的时间。

结合案例，请比较说明电子合同与传统合同的优劣。

# 第 2 节　电子合同的订立及生效

## 一、填空题

1. 订立电子合同可以参考__________，以法律法规为准绳，谨慎订立电子合同，规避交易过程中可能产生的风险。

2. __________只有在发生后才具法律效力，一旦邀请撤回，邀请人无须承担法律责任。

3. 在签订合同的过程中，扩展、更改甚至对某些要约内容加以限制，均可看作是受要约人拒绝承诺，这个过程被称为__________。

4. 在签订传统合同的过程中，要约承诺意味着合同成立，而在此基础上撤销承诺也就表示撤销合同，即被列入__________。

5. 根据____________原则，承诺是可以被撤回的。

6. ______是民事法律行为有效的先决条件。

7. 不满 10 周岁的未成年人、患有间歇性精神病的公民等限制民事行为能力人，属于________的范畴，不能订立有效合同。

8. 无民事行为能力的人订立______的合同不受是否具备缔约能力的法律限制。

## 二、单项选择题

1. 要约生效的条件不包括（　　）。

A. 必须要遵从特定合同当事人的意见与建议

B. 必须体现合同订立的目的

C. 确定的详细内容可以暂时假设

D. 是承诺，需要遵守

2. 下列选项不属于要约与要约邀请的区别的是（　　）。

A. 性质不同　　B. 时间不同

C. 当事人的主观愿望不同　　D. 生效时间不同

3.《合同法》规定“要约到达受要约人时生效”，这意味着（　　）。

A. 到达的概念其实只是将该合同送到了一个受要约人所能够控制的地方，并不见得一定要交到受要约人的手上

B. 若未作出时间限制，以合同实际送达时间作为标准

C. 只要受要约人没有收到要约，要约人就可以进行要约的更换与变更操作

D. 以上说法都对

4. 电子合同承诺生效的条件不包括（　　）。

A. 承诺必须是受要约人作出

B. 承诺必须是要约人作出

C. 承诺的最核心要素是保持承诺内容和要约的一致性

D. 承诺的作出及回复可以在一定范围内超出要约有效期

5. 电文合同生效时间贯彻收到生效和（　　）原则。

A. 信函预约　　B. 电话商定

C. 到达主义　　D. 过时不候

6. 只有年满（　　）周岁，以自己劳动所得的合法收入作为主要生活来源的完全民事行为能力人才有权订立有效的合同。

A. 16　　B. 18　　C. 14　　D. 20

## 三、判断题

1. 要约和要约邀请都包括了合同的主要条款。（　　）

2. 要约撤回是要约人不希望要约发生法律效力，故要约人必须在要约通知到达受要约人之前撤回。（　　）

3. 要约撤销是指要约人在要约发生法律效力之后而受要约人承诺之前，欲使该要约失去法律效力的意思表示。（　　）

4. 仅仅是转换了表述的形式，而非内容的实质性改变，承诺依然具有效力。（　　）

5. 一般情况下，合同内容要与法律相关规定及社会公共利益相符。（　　）

6. 合同中所涉及的某一方当事人在被欺诈或非自愿的情况下订立的合同无效，可以被撤回或取消处理。（　　）

7. 承诺在商业交易中的术语也称作“还盘”，还盘应当在要约的限期内到达要约人。还盘到达，则承诺生效、合同成立，否则承诺无效。（　　）

## 四、简答题

1. 简述要约生效的条件。

2. 要约失效的情形有哪些？

3. 电子合同生效的条件有哪些?

4. 如何理解关于“数据电文的收发地点”的规定?

## 五、案例分析题

1. 2018 年 9 月 10 日北京时间上午 9 时，A 公司向 B 公司通过电子邮件发盘，出售 400 吨 X 产品，每吨价格 3 800 元，并注明本发盘有效期为 5 天。9 月 10 日上午，B 公司职员接收邮件并作了市场调查，公司研究后指示业务员张某发送邮件还盘。张某当晚 8 时用私人电子邮箱向 A 公司的另一个电子邮箱发送了接受发盘的邮件。

A 公司发现张某发来的邮件时已是 16 日下午 4 时，X 产品价格已涨，遂要求价格为每吨 4 000 元，B 公司拒绝，要求价格不变。后 A 公司以每吨 4 500 元的价格将产品卖给了 C 公司。B 公司向法院提起诉讼，要求 A 公司赔偿。

结合案例，你认为该要约是否成立?如果不成立，请说明理由。

2. 王女士在某网店订购了一只养生壶，因为既没有及时接听快递人员的电话，又没有跟踪物流情况，所以错过了接收时间，导致养生壶被退回。当王女士联系网店时，网店客服人员声称王女士要补贴运费才能进行第二次发货。

结合案例，请你谈谈该网店客服人员的要求是否合理。

3. 9 岁的小明私自在某网店购买了价格为 828 元的游戏机，小明的父母知道后联系网店要求退货。网店客服人员认为，小明下单时，网络发货系统无从知晓他的年龄，是小明的父母没有尽到监管义务，网店对此事没有责任且不需要退货。

结合案例，你认为哪一方的说法会得到法律的支持？为什么？

# 第 3 节　电子合同的履行与违约救济

## 一、填空题

1. 电子合同履行过程中出现的违约情况，应视具体违约情况采取合适的__________。

2. 根据目前我国电子商务的发展状况，大体上存在________种合同履行方式。

3. ________________，是指当事人严格按照合同规定的质量、数量，借助合适的主体于合适的履行期限、地点，采取恰当的履行方式，全面实现合同规定义务的原则。

4. ________________，是指当事人不只履行自己的，并且要以诚实守信为基础协助对方当事人履行债务的原则。

5. 经济合理原则就是要求在履行合同时，要以__________为追求目标。

6. 违约责任是违反合同的__________的简称。

## 二、单项选择题

1. 电子合同履行的原则不包括（　　）。

A. 适当履行原则　　B. 协作履行原则

C. 经济合理原则　　D. 异地不同原则

2. 下列选项不属于违约责任构成要件的是（　　）。

A. 主体要件　　B. 客体要件

C. 违约行为　　D. 主观条件

3. 免责事由包括法定免责事由和（　　）。

A. 协商免责事由　　B. 不可抗力事由

C. 约定免责事由　　D. 特定免责事由

4. 下列选项不属于不可抗力的是（　　）。

A. 自然灾害，如台风、洪水、冰雹　　B. 政府行为，如征收、征用

C. 社会异常事件，如罢工、骚乱　　D. 意外事件

5. 下列选项不属于构成约定免责事由情形的是（　　）。

A. 非自身原因导致网络中断　　B. 当事人的基本义务

C. 非自身原因引起的电子数据错误　　D. 文件感染病毒

6. 下列选项不属于电子合同违约救济方式的是（　　）。

A. 继续履行　　B. 采取补救措施

C. 停止使用或者终止访问　　D. 重新签订

## 三、判断题

1. 与离线收货相比，采用在线付款和在线收货方式完成电子合同履行的，履行环节较简单，风险较小，不易产生履行方面的争议。（　　）

2. 合同当事人没有如约履行合同的，可分为作为违约和不作为违约两种情形。（　　）

3. 违约责任的主体要件只能是具有民事行为能力的自然人。（ ）

4. 停止使用是指对合法信息许可访问合同的相关救济，一般当被许可方出现违法等行为的时候，能够立刻停止其获得相关重要信息。（ ）

5. 终止访问是指由于被许可方的违约等，许可方在撤销合同时要求对方立即停止并逐步交回实际服务等权利。（ ）

## 四、简答题

1. 简述违约救济的特征。

2. 如何理解“经济合理原则”？

3. 电子合同违约的具体表现形式有哪些？

## 五、案例分析题

1. A 网店展示的某款手镯标价 6 900 元，张女士浏览时感觉很喜欢，她认真查看了该手镯的文字介绍以及图片展示中手镯的成色，认为物有所值，当即付款购买。收到货物后，张女士发现所收到的手镯的材质与 A 网店上此款手镯的文字介绍及图片展示均不符，实际收到的只是售价为几百元的其他材质的手镯。

A 网店的行为是否构成违约？如构成违约，张女士应怎样进行违约救济？

2. 王先生于 2018 年 4 月购买了 A 公司网站的标准型虚拟主机在个人网站使用，并投放了 A 公司的 B 广告，成为该公司的网络广告用户。A 公司在网站上公布了与广告用户的合作规则，该规则规定只要通过用户（如王先生）的网站点击 C 图片或相关 LOGO（在 24 小时内点击两次则为有效点击），系统将为用户以每次 0.1 元计费，每季度该系统自动结算一次，并可将现金汇到用户指定的账户上，或者到用户次年续费时用于抵扣。

2018 年年底，王先生在 A 公司的网站上查询到自己当年的广告用户登录收益为 215 元，于是他要求 A 公司将这笔费用转入其 2019 年的费用中，对方表示同意。但当王先生于 2019 年 3 月续费时，A 公司却以各种理由拒绝抵扣该费用。为此，王先生将 A 公司诉至法院。

（1）王先生与 A 公司的电子合同是否成立？请说明理由。

（2）A 公司行为是否属于违约行为？如果是，应怎样承担违约救济？如果不是，请说明理由。

# 第3章　电子商务交易法律法规

## 第1节　电子商务交易的法律关系

### 一、填空题

1. __________是指以互联网为平台、以信息网络技术为手段、以商品交换为目的的商务活动。

2. 电子商务交易行为的当事人是电子交易关系的__________。

3. 法人应具有必要的财产或经费，这是法人取得民事权利、承担民事义务的__________。

4. 外商投资企业是依照我国法律在我国境内以__________方式参与或独立设立的企业。

5. __________是在我国境内设立的普通合伙企业和有限合伙企业、个人独资企业的依据。

6. 我国企业所有制性质分为__________、集体所有制企业、__________和混合所有制企业。

7. 取得__________的社会组织以自己的名义参与民事活动，以独立的财产承担独立的责任。

8. 买方在交易中有按照电子交易平台规定的__________付款的义务。

9. 电子商务是对社会影响比较直接的行业，对其从业资格应实行严格的__________。

10. 电子商务企业的资产更多体现为一种__________的产权。

### 二、单项选择题

1. 电子商务交易不同于传统的交易形式，既是一种合同行为，同时也是发生在当事人之间的一种（　　）关系行为。

A. 商业　　B. 法律　　C. 合作　　D. 贸易

2. 电子商务交易不同于现实生活中的实物交易，其主体具有（　　）。

A. 真实性　　B. 一般性　　C. 稳定性　　D. 虚拟性

3. 电子商务活动之所以产生纷争，主要是因为（　　）。

A. 交易形式　　B. 权属内容　　C. 交易标的　　D. 质量检验

4. 作为民事主体的法人应具有必要的财产和经费，这是法人取得民事权利、承担民事义务的（　　）。

A. 经济前提　　B. 物质前提　　C. 商务前提　　D. 真实前提

## 三、判断题

1. 凡是以口头或传统方式进行的商务活动，都属于电子商务法的调整范围。（　　）

2. 电子商务交易调整规范是指狭义的电子商务法。（　　）

3. 狭义的电子商务法是指在商业化应用的基础上，建立一个能够让电子通信技术通畅运作的法律平台。（　　）

4. 电子商务主体是现代社会中新型的市场主体。（　　）

5. 企业是依法设立的，以人和物为要素，以营利为目的，从事营利活动的组织。（　　）

6. 不是所有企业都具有法人资格。（　　）

7. 不具备企业法人条件的企业和经营单位，以及外商投资企业设立的办事机构，不应当申请营业登记。（　　）

## 四、简答题

1. 简述法人类电子商务主体资格的认定方法。

2. 简述法人类电子商务主体的特征。

## 五、案例分析题

某学校二年级学生张小飞，在家长不知情的情况下，用其母亲王女士的身份证在某游戏网站注册了用户信息，并且通过其母亲的银行卡多次支付购买游戏装备共计 30 000 元。王女士发现张小飞上述行为后，立即联系了该游戏网站客服，懂得一些法律知识的王女士以“其子未满 10 周岁，是无民事行为能力人”为由要求网站退回张小飞购买游戏装备的 30 000 元。

请结合案例分析责任归属。

# 第 2 节　电子商务交易的法律责任

## 一、填空题

1. 电子商务交易是一种商品买卖交易活动，必须按照________________的要求进行。

2. 当前，我国调整市场交易行为的法律规范都是以________________为首要原则。

3. 电子商务的经营者应当保证所提供的商品或服务符合__________的要求。

4. 在电子商务交易中，利用信息欺骗或以虚构的广告信息来__________是违法行为。

5. ____________是一种存在于电子信息交付人和电子信息使用人之间的合同关系。

6. 如果在事先没有法律依据或合同约定的情况下，许可方对他人的电子信息使用__________，则是一种违法行为。

## 二、单项选择题

1. 我国调整市场交易行为的《消费者权益保护法》是以（　　）为首要原则。

A. 诚实信用　　B. 保护市场

C. 稳定市场　　D. 保护消费者权益

2. 在电子商务交易中，（　　）是电子商务要解决的首要问题。

A. 信用危机　　B. 规范市场

C. 不公平竞争　　D. 不再使用纸质货币

3. 下列选项不属于我国调整市场交易行为的法律规范的是（　　）。

A.《合同法》　　B.《民法通则》

C.《刑法》　　D.《消费者权益保护法》

## 三、判断题

1. 电子商务交易是商品交易活动，必须按照市场规则的要求进行。（　　）

2. 电子商务交易是虚拟交易，不完全遵循市场经济下的法制经济和信用经济。（　　）

3. 电子商务的经营者不能保证所提供的商品安全的要求。（　　）

4. 信用危机的控制方法是电子商务交易需要解决的问题。（　　）

5. 阿里巴巴集团解决电子商务信用危机的方法是推出“花呗”。（　　）

6. 在电子信息协议中有明确的电子控制权及其相关限制条件。（　　）

## 四、简答题

1. 简述提高电子商务交易信用保证的重要性。

2. 电子商务交易中承担违约责任的方式有哪些？

3. 电子商务交易中承担侵权责任的方式有哪些？

## 五、案例分析题

张先生浏览某网店，看到一辆正品自行车只要30元，于是付款购买。不久，该网店通过电子邮件向张先生道歉，称该自行车的价格是300元，不同意发货，并认为本次交易无效。网店给出的理由是：第一，自行车的价格是300元而不是30元，在网站上显示的30元是由于工作人员输入错误造成的；第二，30元就把价值300元的自行车售出，属于不公平交易。

张先生收到信函后却认为网店违约，称自己手上有两个证据，包括该网店给他发来的电子确认书以及整个交易过程中的一些截图。多次交涉后没有结果，张先生最后只好将该网店告到法院，主张自己的权利。

请结合案例，分析电子商务交易中的违约责任与侵权责任。

# 第 4 章 电子商务知识产权法律法规

## 第 1 节 著作权

### 一、填空题

1. 网络著作权是指在网络环境下，作品的著作权人对__________的作品所享有的著作权权利。

2. 网络上数字化作品的__________方便快捷，复制简便可操作，这给作品独创性的判断带来难度。

3.《著作权法》规定，录音录像制作者对其制作的录音录像制品，享有许可他人复制发行并__________的权利。

4. __________又称排他性，即未经著作权人许可，其他人不允许以营利为目的使用其著作。

5. 网络的发展使得产品信息流动变得简单容易，信息在全球范围内传播迅速，这种跨国界的传播对著作权的__________形成巨大的冲击。

6. 链接是指在网络中从一个网页（或文档）向__________建立联系，这个目标可以是另一个网页或文档，也可以是一张图片、____________________。

### 二、单项选择题

1. 下列选项不属于著作权特征的是（　　）。

A. 独创性　　B. 共享性

C. 专有性　　D. 地域性

2. 下列表述对著作权理解不正确的是（　　）。

A. 著作权又称版权，它保护的对象是读者

B. 著作权的主体是作品的作者，客体是作品的表现形式

C. 从创作者角度看，著作权是创作者对自己原创作品所具有的专有权，作品

唯己所有

D. 从作品使用角度看，著作权是复制、抄录、使用他人原创作品的权利，在使用他人原创作品时需要经他人许可

3. 下列选项符合网络著作权含义的是（　　）。

A. 网络著作权即信息网络传播权

B. 将网上作品擅自下载并发表在传统媒体上

C. 未经作者许可，擅自将传统媒体上发表的作品在网站上传播

D. 未经著作权人的允许，也可以擅自复制、转载、传播他人的作品

4. 下列选项不属于著作权侵权行为的是（　　）。

A. 擅自将网上的作品下载并发表在传统媒体上

B. 擅自将传统媒体上发表的作品在网站上传播

C. 因链接而产生的侵权

D. 自行设计的网页

5. 侵权行为发生后，双方当事人不可以请（　　）作为调解人解决纠纷。

A. 版权行政管理机关　　B. 法院

C. 通过协商　　D. 甲方当事人的领导

6. 下列选项不属于著作权侵权救济方式的是（　　）。

A. 调解　　B. 行政投诉

C. 销毁著作　　D. 民事诉讼

## 三、判断题

1. 信息网络传播权是指传统作品的著作权人对其作品被传播到网络时所享有的权利。（　　）

2. 未经著作权人的允许，一律不可以擅自复制、转载、传播他人的作品。（　　）

3. 录音录像制作者对其制作的录音录像制品，享有许可他人复制发行并获得报酬的权利，该权利的保护期截止于该制品首次出版后第 30 年的 12 月 31 日。（　　）

4. 当著作权人的著作权被侵犯时，应当在知道或者应当知道其权利被侵害之日起三年内向人民法院提起诉讼。（　　）

## 四、简答题

1. 什么是因链接而产生的侵权?

2. 侵犯著作权的不法行为有哪些?

3. 损害社会公共利益的侵权行为，侵权者应该承担怎样的法律责任?

## 五、案例分析题

2018 年 2 月，A 公司通过合同约定取得了 20 首歌曲的著作权并制作了 CD。次年年初，B 公司与 C 公司签订了合作协议书，约定后者以 B 公司名义在通信部门的下载业务中提供以上 20 首歌曲。2019 年 6 月，A 公司认为 B 公司侵犯了其录音制作者权益，将 B 公司诉至法院。

B 公司的行为是否构成侵权？如果构成，法院该怎样维护 A 公司的权益？

# 第 2 节　商标权

## 一、填空题

1. 商标权作为一种__________，存在于抽象的概念中，所以在电子商务的发展和运营中，商标权很容易受到侵犯。

2. 商标权又称作__________，它是指商标主管机关依法授予__________的专有权。

3. 商标的注册人可以依法__________商标，未经本人同意，商标不得被他人__________。

4. 商标权的原始取得也称直接取得，可以通过__________取得，也可以通过__________取得。

5. 商标权的使用取得遵循__________原则，即谁首先使用该商标，商标权就属于谁。

6 商标权一经获得，则注册人对其商标具有__________，他人不得加以干涉，未经注册人允许，不可擅自使用注册商标。

7. 电子商务中的商标侵权是指在__________中，利用网络技术等侵犯他人的商标权，从而牟取__________的行为。

## 二、单项选择题

1. 商标权包括商标注册人对其注册商标的（　　）和禁止他人侵害的权利。

A. 排他使用权　　B. 收益权

C. 处分权　　D. 以上都对

2. 商标权的特征主要不包括（　　）。

A. 专有性　　B. 时效性

C. 任意性　　D. 财产性

3. 商标的取得是指获得商标权的方式，主要包括（　　）和继受取得。

A. 购买取得　　B. 原始取得

C. 商标转让　　D. 不当得利

4.（　　）和商标继承是商标继受取得的两种主要方式。

A. 商标转让　　B. 商标伪造

C. 商标假冒　　D. 原始取得

5. 下列选项不属于电子商务中商标侵权形式的是（　　）。

A. 钓鱼网站　　B. 域名侵权

C. 链接转接　　D. 宣传广告侵权

6. 下列选项不属于网络商标侵权独有特征的是（　　）。

A. 抢注　　B. 竞价排名造假

C. 虚假广告　　D. 加入链接

7. 下列选项不属于通过提高商标权人的法律意识来防止商标侵权对策的是（　　）。

A. 商标要在产品销售规模较大的地区进行注册

B. 尽早注册企业产品或服务的域名

C. 建立商标识别系统

D. 通过非商标持有人授权

## 三、判断题

1. 商标权的原始取得也称直接取得，指商标的产生是使用者自己创造设计而来，并非基于他人的商标权。（　　）

2. 继受取得又称传来取得，指商标权不是由商标现在的所有人最先注册的。（　　）

3. 企业的知名度越高，商标的价值也就越高，所以商标也是企业硬实力的体现。（　　）

4. 商标权是有期限的。在有效期内，注册商标受法律保护，但超过有效期且不办理续展手续的，就不再受到法律的保护。（　　）

5. 注册商标只在商标注册的国家受到法律保护，已注册的商标要在其他国家受到法律保护，就必须分别在这些国家进行注册。（　　）

6. 商标权是一种智力成果，它的载体本身并没有太大的经济价值，因此不值得重视。（　　）

7. 根据《商标法》规定，商标权有效期为 10 年，续展可无限重复进行，每次续展期为 8 年。（　　）

## 四、简答题

1. 什么是商标？

2. 常见的商标侵权方式有哪些？

3. 什么是商标权的终止？它有哪些情形？

## 五、案例分析题

A 公司在网店推出素食全餐方便杂粮粥后，因其营养丰富、方便冲泡，受到了广大消费者的欢迎。一些不法商贩见有利可图，便开始制造和销售假冒的杂粮粥。2018 年开始，A 公司稽查部门联合相关执法部门在全国各地重拳出击，针对市场上各种各样仿制的杂粮粥，开展打假攻坚战。2018 年 5 月 24 日，A 公司联合江苏省某市打假办抓获以张某为首的制假贩假团伙，制假现场发现 1 400 余个杂粮粥包装盒及大量仿制的防伪标签。据悉，该团伙的售假网络遍布全国各地。

（1）本案例中是否存在商标侵权行为？为什么？

（2）结合案例，谈谈如何有效防止商标侵权。

# 第 3 节　专利权

## 一、填空题

1. 专利权是指专利的所有权人在法律规定的期限内对发明具有的__________、__________的权利。

2. 专利权与著作权不同，著作权是__________的，只要著作权人创作完成作品就取得著作权，而专利权必须经过__________，由专利主管机关授予才能取得。

3. __________是指法律对专利权所有人的保护是有时限的，一旦超过这一时间限制，将不再予以保护，任何人都可以使用该专利权。

4. 地域性是指专利权只能在__________的领域内受到法律保护，在其他国家则不受法律保护，除非两个国家之间有双边的__________或国际公约。

5. 直接侵权行为主要指没有经过__________的允许，以__________为目的，生产、制造、销售、使用发明或实用新型专利产品或利用专利方法获得专利产品的行为。

6. 停止侵权是指侵犯专利权的当事人根据__________的处理决定或法院的裁判，立即停止正在实施的专利侵权行为。

## 二、单项选择题

1. 下列选项不属于专利设计的是（　　）。

A. 外观设计　　B. 发明创造

C. 实用新型　　D. 改良设计

2. （　　）是专利权最重要的法律特征之一。

A. 排他性　　B. 自利性

C. 时限性　　D. 地域性

3. 授予专利权的条件不包括（　　）。

A. 时尚性　　B. 新颖性

C. 创造性　　D. 实用性

4. 专利权的侵权行为不包括（　　）。

A. 直接侵权行为　　B. 自行设计侵权行为

C. 假冒专利的行为　　D. 冒充专利的行为

5. 间接侵权行为主要指行为人通过（　　）等手段为他人提供侵权条件，但其本身没有对专利权造成侵害的行为。

A. 诱导　　B. 怂恿　　C. 教唆　　D. 帮助

E. 以上都对

6. 专利侵权的法律后果不包括（　　）。

A. 道德谴责　　B. 行政责任

C. 民事责任　　D. 刑事责任

7. 创造性主要有发明和（　　）两种形式。

A. 创造　　B. 改良　　C. 革命　　D. 发现

## 三、判断题

1. 专利权的时限性是指法律对专利权所有人的保护是有时限的，一旦超过这一时间限制，将不再予以保护。（　　）

2. 发明专利权的期限为 10 年，实用新型专利权和外观设计专利权的期限为 20 年，均自申请之日起计算。（　　）

3. 专利权人应当自被授予专利权的当年开始缴纳年费。（　　）

4. 专利权的诉讼时效为 3 年，该时效自专利权人或者利害关系人得知或者应当得知侵权行为之日起计算。（　　）

## 四、简答题

1. 实用性的含义有哪些?

2. 简述对专利侵权法律后果的理解。

## 五、案例分析题

1. 2016 年 10 月，A 先生向国家知识产权局提出了 B 实用新型专利申请，并获得授权。2018 年 6 月，A 先生以 C 电商平台上的相关链接侵犯其专利权为由向某省知识产权局进行了投诉，并提供了涉案专利的专利证书、专利权评价报告以及有初步实物拆解图等内容的专利侵权初步分析报告等证据材料。该省知识产权局委托某知识产权维权援助中心（以下简称“中心”）对被控侵权产品是否侵权进行判定。中心根据投诉方的侵权分析材料和被投诉链接所反映的被控侵权产品技术信息，对侵权产品的技术方案进行了分解，并与涉案专利进行了比对，发现被控侵权产品落入涉案专利权利要求 3 的保护范围。投诉成立后，C 电商平台通知了卖家并及时对涉案链接进行了断开处理。

（1）案例中涉及的专利权在投诉方提出投诉时是否合法有效？

（2）谈谈案例带来的启示。

2. A公司于2016年6月向国家知识产权局提出了名称为“B家具”的外观设计专利申请后获得授权。2018年，A公司发现C家具店未经其许可，生产、销售了侵犯涉案专利权的产品，遂向D市知识产权局提出专利侵权纠纷处理请求。C家具店称对涉案产品是否有专利并不知情，自己只是销售方。D市知识产权局查明，在C家具店店铺及其库房现场发现带有标识的涉嫌侵权的产品数件，经现场比对，与请求人提交的证据照片吻合。经专利复审委员会合议组比对，被控侵权产品的外观与涉案专利相比，仅存在细微差别，大部分设计特征完全一致。

C家具店是否存在专利权的侵权行为？本案应如何处置？

# 第 5 章　电子商务消费者权益保护法律法规

## 第 1 节　电子商务消费者权益保护法的特征和内容

### 一、填空题

1. 电子商务消费者权益区别于普通消费者权益的一个重要标志就在于__________特殊性，即通常所认为的网络具有__________。

2. 电子商务消费者的合法权益受到侵犯时，作为消费者需要拿起法律武器维护自己的合法权益，除了《消费者权益保护法》之外，还包括__________、《民法通则》、《合同法》、__________等通用法律。

3. 电子商务消费者权益的客体，即是__________。

4. 电子商务消费者权益的主体，即是__________。

5. 电子商务消费者权益的同步性，即__________是同步出现又同步消失的。

### 二、单项选择题

1. 消费者投诉举报电话是（　　）。

A. 12358　　B. 12395　　C. 12365　　D. 12315

2. 我国依法成立的维护消费者合法权益的全国性社会团体是（　　）。

A. 消费者协会　　B. 消费者委员会

C. 消费者联盟　　D. 消费者同盟

3. 消费者协会和消费者组织是依法成立的对（　　）进行社会监督的保护消费者合法权益的社会团体。

A. 消费者行为　　B. 商品和服务

C. 商家所在地　　D. 团体会员

4. 根据我国《消费者权益保护法》的规定，消费者是指（　　）。

A. 生产资料的消费者　　B. 生活资料的消费者

C. 消费品的消费者　　D. 一切商品的消费者

5.《消费者权益保护法》是（　　）的重要组成部分。

A. 经济法　　B. 刑法

C. 行政法　　D. 民法

## 三、判断题

1.“七天无理由退换货”服务，此项权益的行使适用于电子商务消费者，但并不适用于实体店消费者。（　　）

2. 在网络交易中，通常采用的是面对面的交易方式，在交易过程中可看到商品的实体或感受到服务的质量。（　　）

3. 在电子商务交易过程中，网络的虚拟性与网络的实体性一般是共存的。（　　）

4. 没在网上消费过的消费者，也可能享有网络消费者权益。（　　）

5. 电子商务消费者权益与电子商务消费者是共生的。（　　）

6. 电子商务消费者权益的构成具有复杂性。（　　）

7. 侵犯电子商务消费者权益的主体具有复杂性。（　　）

8. 我国已制定了完备的关于电子商务消费者权益保护的法律。（　　）

## 四、简答题

1. 简述电子商务消费者权益的特征。

2. 简述电子商务消费者权益保护法的主要内容。

3. 什么是电子商务消费者权益？

4. 简述电子商务消费者权益主体的特定性。

## 五、案例分析题

1. 2019 年 2 月，某网店做促销活动，某款运动鞋在活动期间打 4 折，折后价格为 400 元，张某感觉很划算，就立即进行了购买。2019 年 5 月，张某发现该网店的这款运动鞋又在促销，打 5 折，折后价格为 350 元。张某立即与该网店客服联系，质疑为什么同款产品折扣高了，价格反而更便宜，但客服只是回答说每月促销活动不一样，折扣自然不一样，就不再回复张成的任何问题。

面对该网店的行为，消费者应该怎样维权？

2. 某网店正举行“买一送一”的促销活动。10月2日，陈小姐购买了一件标价为200元的羊毛上衣，该店赠送了一件标价为100元的裤子。10月9日，陈小姐发现赠送的裤子洗过后存在褪色现象，要求该网店退货，但网店以“赠品概不退换”为由拒绝退货。陈小姐遂于10月12日向当地的消费者投诉热线投诉。

陈小姐的投诉有法律依据吗？为什么？

# 第2节　电子商务消费者权益的保护

## 一、填空题

1. 电子商务消费者权益的安全权包括__________和__________。

2. 电子商务消费者权益的公平交易权主要表现在两个方面：①有权获得质量保障、价格合理、计量正确等公平交易条件；②____________________________。

3. 消费者有权自主选择提供商品或者服务的经营者，自主选择商品品种或者__________。

4. __________是指公民在网上享有的私人生活安宁与私人信息依法受到保护，不被他人非法侵犯、知悉、收集、利用和公开的一种人格权。

5. 网络经营者披露的信息内容应当包括三个方面：__________、商品或服务信息、交易条件信息。

6. 由于电子商务有其自身的特殊性，在处理纠纷方面出现了通过网络进行处理的方法，如在线调解、在线仲裁以及__________等。

## 二、单项选择题

1. 消费者最基本、最重要的权利是（　　）。

A. 安全权　　B. 公平交易权

C. 求偿权　　D. 受尊重权

2. 消费者协会和其他消费者组织是依法成立的对（　　）进行社会监督的保护消费者合法权益的社会团体。

A. 商品　　B. 服务

C. 商品和服务　　D. 商品或服务

3. 下列店堂告示没有违反《消费者权益保护法》的是（　　）。

A. 本店商品一旦售出概不退换

B. 购买总额在 10 元以下者，请恕本商场不开发票

C. 钱物请当面点清，否则后果自负

D. 本店如售假药，包赔 20 000 元

4. 下列选项关于消费者权利说法正确的是（　　）。

A. 消费者权利是法定权利

B. 消费者权利的主体只能是企业

C. 消费者权利是宪法规定的公民政治权利在消费领域的具体体现

D. 消费者权利行使的对象只能是经营者

## 三、判断题

1. 消费者在电子商务交易过程中，其知情权受到侵犯的原因，主要是商品信息披露不真实、不健全。（　　）

2. 由于电子商务交易的双方经常出现信息不对等的状况，所以对消费者是有利的。（　　）

3. 电子商务发展中的快递问题，虽然法律明确规定快递员在送货的过程中，消费者验货之后才可以签收，但是大多数快递公司并没有按照法律规定操作，若是货物出现问题，那么就很难对责任予以界定。（　　）

4. 对于电子商务消费者而言，公平交易权是其核心权利。（　　）

5. 经营者也有隐私权，所以经营者可以不标明其真实名称。（　　）

6. 信息是有价的，经营者转让消费者个人信息给第三方可以获取相应报酬。

（　　）

## 四、简答题

1. 电子商务消费者的权益有哪些？其权益具有哪些特点？

2. 网络经营者的义务有哪些？

3. 现行法律对于网络消费者权益的保护存在哪些不足？

## 五、案例分析题

1. 李先生在某网店购买了一件夹克，收到后发现该夹克与网店图片相比存在较大色差，且质量较差，遂给该网店点了差评。此后该网店店主不断给李先生发短信及打电话让其更改差评，并在短信及电话中对李先生进行辱骂，严重影响了李先生的工作及生活。

该网店店主的做法是否侵犯了李先生的合法权益？为什么？

2. 2018 年 6 月，南京市的孙小姐在某网店上注册了会员账号，并在该网店专栏中的“××× 化妆品专卖”购买了一瓶纤体精华霜。当时该网店专栏上介绍此产品为法国 ×× 品牌公司产品，并使用了 ×× 品牌公司的注册商标。

孙小姐拿到实物后，发现所购纤体精华霜与法国 ×× 品牌公司的产品商标有区别，产地也不符，而且该瓶纤体精华霜外包装十分粗糙，印刷说明也是错漏百出。更出乎意料的是，孙小姐打开商品后，竟然发现精华霜中混有杂质。为了维护自身的权益，孙小姐聘请了律师，希望通过诉讼途径维护自己的合法权益。

（1）在这起纠纷中，网店处于怎样的法律地位？

（2）该网店侵犯了孙小姐的哪些合法权益？

（3）本案列中孙小姐若不想采用诉讼的方式来解决纠纷，那么还可以通过哪些途径解决？

# 第 6 章　电子商务物流法律法规

## 第 1 节　仓储与保管相关法律法规

### 一、填空题

1. 保管人应尽善良管理人的注意义务，依据标的物的性质、__________及诚实信用原则确定保管的场所和方法。

2. 保管期限届满或者寄存人提前领取保管物的，保管人应当将__________归还寄存人。

3. 如果保管物受到__________、提起诉讼或进行扣押时，保管人应及时通知寄存人。

4. 保管人对于保管物的毁损、灭失，依据__________承担责任。

5. 寄存人不履行支付酬金义务，保管人可对保管物行使__________。

6. 因不可抗力引起保管物的毁损，此风险由__________负担。

7. 寄存财物被丢失或毁损的诉讼时效为_____年。

### 二、单项选择题

1. 关于仓储合同，下列选项说法正确的是（　　）。

A. 仓储合同是实践合同

B. 仓储合同根据过错责任原则确定责任

C. 仓储合同可以寄存货币、有价证券

D. 仓储合同可以签发仓单

2. 寄存人与保管人的共有义务是（　　）。

A. 支付报酬的义务　　B. 负担必要费用的义务

C. 负担风险的义务　　D. 损害赔偿的义务

3. 在仓储过程中对产品进行保护、管理，防止损坏而丧失价值，体现了仓储的

(　　) 功能。

A. 保管　　B. 整合　　C. 加工　　D. 储存

4. (　　) 是保管人在接受仓储物后签发的表明一定数量的保管物已经交付仓储保管的法律文书。

A. 保管证　　B. 保管合同

C. 仓单　　D. 物资储存单

5. 仓库是保管、(　　) 物品的建筑物和场所的总称。

A. 储存　　B. 收藏　　C. 生产　　D. 堆放

6. 在物品储存时，烧碱不能和皮革存放在一起，因为烧碱具有 (　　)。

A. 燃烧性　　B. 爆炸性　　C. 毒性　　D. 腐蚀性

## 三、判断题

1. 对于无偿保管合同，保管人没有相应的义务和责任。　(　　)

2. 保管人不在时，可以委托许可第三人使用保管物。　(　　)

3. 在保管期限尚未届满前，可以要求寄存人提前领取保管物。　(　　)

4. 返还的地点一般为保管地，保管人有送达义务。　(　　)

5. 对于有偿保管合同，保管人只对故意或重大过失负责，应承担赔偿责任。　(　　)

6. 对于无偿保管合同，保管人应负担过失责任，应以善良管理人的注意义务为标准，违反此种义务，承担赔偿责任。　(　　)

7. 仓储合同根据过错责任原则确定责任。　(　　)

8. 仓单可以抵押、转让，保管凭证不可抵押、转让。　(　　)

## 四、简答题

1. 仓储合同与保管合同的联系和区别各有哪些?

2. 仓单具备哪些法律性质？

3. 保管人和寄存人的义务分别有哪些？

## 五、案例分析题

某食品加工厂与本地的储运公司签订了一份食品原料仓储合同。在合同期间，食品加工厂发现提取回来的原料已变质，立即到储运公司现场查看，确定原因是储运公司仓库的通风设备不能正常工作，导致原料变质。

本案例中食品加工厂的损失应由谁承担？为什么？

# 第 2 节　物流配送相关法律法规

## 一、填空题

1. ____________________是指配送人接收用户的货物，予以保管，并按用户的要求对货物进行拣选、加工、包装、分割、组配，在指定时间送至用户指定地点，由用户_______________的合同。

2. 物流销售配送合同分为两类：①销售企业与用户签订的销售配送合同；②__________________________。

3. 在配送服务合同中，用户检验的范围主要涉及__________、货物包装的__________、配送服务的及时性、配送服务的准确性等相关服务内容。

4. 物流配送合同是将__________、__________、运输和承揽等合同的某些特点有机结合在一起的合同。

## 二、单项选择题

1. 下列选项关于配送的理解正确的是（　　）。

A. 配送实质就是送货，和一般送货没有区别

B. 配送要完全遵守“用户要求”，只有这样才能做到配送的合理化

C. 配送是物流中一种特殊的、综合的活动形式，与商流没有关系

D. 配送是“配”和“送”的有机结合，为追求整体配送的优势，分拣、配货等项工作是必不可少的

2. 下列选项关于配送的功能理解错误的是（　　）。

A. 有利于物流运动实现合理化

B. 有利于合理配置资源

C. 只要做好配和送，不需要开发什么新技术

D. 可以降低物流成本，可以促进生产快速发展

3. 下列选项属于配送功能要素的是（　　）。

A. 货物、客户、车辆、人员、路线、地点和时间

B. 货物、客户、车辆、人员、路线、目的地和时间

C. 货物、收货人、运输成本、人员、运距、地点和时间

D. 货物、收货人、车辆、人员、路线、地点和时间

4. 配送中心的业务活动是以（　　）发出的订货信息作为驱动源。

A. 生产订单　　B. 客户订单

C. 采购订单　　D. 内部订单

5. 在配送过程中实现空间转换的中心环节是（　　）。

A. 货物运输　　B. 库存

C. 保管　　D. 装卸搬运

6. 按订单或出库单的要求，从储存场所选出物品，并放置在指定地点的作业是（　　）。

A. 分货　　B. 拣选

C. 流通加工　　D. 保管

7. 下列选项不属于配送中心主要功能的是（　　）。

A. 储存功能　　B. 分拣功能

C. 配送功能　　D. 计划功能

8. 配送运输一般使用（　　）作为运输工具。

A. 火车　　B. 轮船

C. 飞机　　D. 汽车

## 三、判断题

1. 物流配送服务合同双方当事人的权利、义务不仅集中在货物的配货、运送、交接等事项上，也涉及货物所有权的转移。（　　）

2. 销售企业与用户签订的销售配送合同是一种商流合一的配送服务形式。（　　）

3. 销售企业与用户签订的销售配送合同可能在商品价款之外，再收取一定金额的配送服务费。（　　）

4. 用户延迟接受配送服务造成配送人损失的，应当承担相应责任。（　　）

5. 根据法律规定，用户未及时检验货物的，视为用户接受了符合合同所规定的货物。（　　）

6. 配送就是指送货到用户手上。（　　）

7. 作为配送活动提供者的配送人，不可能是销售合同中的卖方，只能是第三方物流企业。（　　）

8. 物流配送合同中的用户既可以是销售合同中的卖方，也可以是买方，还可以是物流企业。（　　）

## 四、简答题

1. 物流配送合同的主要内容有哪些？

2. 物流企业在配送服务合同中的权利有哪些？

3. 物流企业在配送服务合同中的义务有哪些？

4. 用户在使用配送服务的过程中享有哪些权利并承担哪些义务？

## 五、案例分析题

1. 2018 年 7 月，某物流配送服务公司与本地的某计算机公司签订了一份配送合同，标的物为计算机 200 台，价值 100 万元。计算机公司办理了托运手续，并交纳了 8 000 元运费。2018 年 7 月 28 日，物流配送服务公司用自有汽车车队运输时，车辆在高速公路上突然起火，烧毁了大部分计算机。后证实起火事由与物流配送服务公司无关。事后，计算机公司要求物流配送服务公司赔偿损失和退回运费，并向人民法院提起了诉讼。

物流配送服务公司是否应该赔偿计算机公司的经济损失？为什么？

2. 某配送中心送货至某商场时，恰逢下班时间，该商场收货员已经下班，商场一保安见此情景，就自告奋勇说替收货员收货，不过因仓库已关门，就建议配送人员将货物运至离商场不远的另一个仓库卸货，点数验收后该保安在送货单上签名。次日，当配送中心至该商场收取货款时，商场收货员却说根本没收到这批货，问及收货的保安姓名，结果发现该商场根本没有聘用过该人员。

结合案例，请谈谈配送方在配送货物时应注意哪些事项。

# 第 3 节　物流包装相关法律法规

## 一、填空题

1. 销售包装通常称为商业包装，也称为__________。

2. 包装的首要作用是__________，其次是__________。

3. 普通货物是指除__________、____________以外的一切货物。

4. 普通货物的包装按照____________________________进行包装。

5. 对于有腐蚀性的货物，应采用____________________的包装材料。

6. 特殊货物主要包括__________、鲜活易腐货物和单件超重的货物。

7. 包装图案具有鲜明的特点，包括__________、__________和象征性标识，还可显示使用场合或者体现产地景色与人文特点。

8. 包装上的条形码是由一系列的__________、__________及符号组成。

## 二、单项选择题

1. 商品的毛重是指（　　）。

A. 商品的包装质量　　B. 商品自重加内包装的质量

C. 商品的自重　　D. 商品自重加内外包装的质量

2. 为了减缓内装物受到的冲击和震动，保护其免受损坏而采取的一定防护措施的包装，称为（　　）。

A. 缓冲包装　　B. 防潮包装

C. 防霉包装　　D. 防锈包装

3. 包装材料制作的容器盛装产品后，消费时便于开启包装和取出内装物，便于再封闭而不易破裂。包装材料的这一性能称为（　　）。

A. 易加工性　　B. 保护性

C. 装饰性　　D. 方便性

4. 包装材料的形、色、纹理的美观性，能产生陈列效果，提高商品档次，满足不同消费者的审美需求和激发消费者的购买欲望。包装材料的这一性能称为（　　）。

A. 易加工性　　B. 保护性

C. 装饰性　　D. 方便性

5.（　　）因其成本低、无污染、可回收而备受青睐。

A. 纸质材料　　B. PE 材料

C. 金属材料　　D. 木材原料

6. 销售包装和运输包装的主要区别在于（　　）。

A. 保护功能　　B. 便利功能

C. 促销功能　　D. 升值功能

7. 白色污染的主要包装来源是（　　）。

A. 纸质包装　　B. 塑料包装

C. 金属包装　　D. 玻璃包装

8. 不可直接在微波炉加热的包装材料是（　　）。

A. 锡纸　　B. 乙烯（PS）

C. 保鲜膜　　D. 耐温达 120℃以上的材料

## 三、判断题

1. 包装的首要作用是美观。（　　）

2. 消费者喜欢美观的包装，所以包装可以不计成本。（　　）

3. 物流包装通常称为商业包装。（　　）

4. 超级市场的商品必须要有条形码。（　　）

5. 外包装上要使用进口国的文字和图案。（　　）

6. 货物的包装要能满足搬运、装卸对包装强度的要求。（　　）

## 四、简答题

1. 销售包装的基本要求是什么？

2. 危险货物包装的基本要求有哪些？

3. 销售包装的作用有哪些？